Couvertures supérieure et inférieure
manquantes

LA TUNISIE

SON PASSÉ SON AVENIR

ET

LA QUESTION FINANCIÈRE

PAR

HENRY FONTET DE FONVENT, AVOCAT

———✳———

GISORS

BARDEL, IMPRIMEUR-LIBRAIRE

—

1872

Magny. — Imprimerie O. PETIT

AU BEY DE TUNIS

Modeste, il ne voit point de peuples gémissants
A ses pieds, dans ses fers, lui prodiguer l'encens;
Héros de la raison, plus fort que par les armes
Avec elle il triomphe en tarissant des larmes,
Et sur le continent dut-on me censurer,
C'est un grand conquérant que je veux honorer.

LA TUNISIE

SON PASSÉ SON AVENIR

LA

QUESTION FINANCIÈRE

§ 1

Le Moyen-Age s'est armé au nom de la religion pour refouler au cœur de l'Asie les peuplades musulmanes qui menaçaient l'Europe d'une puissante invasion. Les Croisés, patriotes religieux, s'enrôlaient avec la sublime espérance de faire la conquête de l'Orient au profit du Christianisme et d'établir sur toute la terre une unité religieuse plus grandiose que l'unité politique dans l'univers Romain.

De nos jours, par un mystérieux retour des mêmes lois dans l'humanité et sous une forme appropriée au goût du siècle, la politique et l'industrie d'Europe reprennent en Orient l'entreprise des armées chrétiennes. Le génie de l'Occident prête une seconde fois ses lumières au génie de l'Orient et l'invasion des idées succède glorieusement à l'invasion des armes.

La Providence pour rendre cette conquête plus facile, a inspiré au génie de l'homme l'invention de la vapeur et de l'électricité, afin que la civilisation franchisse les distances sans compter avec les obstacles. Mais pour que l'union soit parfaite, le bienfait utile à l'humanité, il faut que l'esprit des peuples suive le progrès des sciences, et que la rapidité des rapports sociaux s'établisse au profit d'une paix universelle, d'une paix inaltérable fondée sur les principes les plus élevés de la morale.

Le progrès qui déborde tourne souvent à mal : il y a une puissance à déplacer, une sève à diriger dans des branches étrangères plus jeunes et plus faibles. L'activité, devenue moins utile par les inventions de la science, cherche un but et s'use dans de malheureuses tentatives. Les richesses du sol escomptées n'offrent plus au pauvre industrieux les joies d'un patrimoine laborieusement acquis. Il convient donc, pour rétablir l'équilibre, de donner cette exubérance de forces aux nations qui, moins favorisées, n'ont pas grandi avec les siècles et attendent de l'avenir et de la civilisation le développement complet de leur puissance. Les idées du temps y poussent, l'intérêt le demande, le rapprochement de tous les peuples le rend nécessaire.

Au nombre des royaumes dont la France a entrepris l'agrandissement, se place celui de Tunis : s'il est un des plus petits, les qualités du prince qui le gouverne, la richesse de son sol, les liaisons qui le rattachent à la France, le rendent sans doute un des plus intéressants à étudier au point de vue de son passé et de son avenir.

§ II

La régence de Tunis, limitrophe de l'Algérie sur toute la frontière de l'Ouest, est baignée par la Méditerranée, à l'Est et au Nord, sur une étendue de côtes d'environ 600 kilomètres. Elle est bornée par la solitude du Sahara, au couchant par la province de Constantine et les montagnes du Djebel Aourès qui la séparent du désert. Sa superficie est d'environ 8000 kilomètres carrés. Les contrées les plus importantes des quatre régions dont se compose la Tunisie sont, dans celle du Nord : Tunis, Badja et Bizerte; dans celle de l'Ouest le Kef, dans celle de l'Est : Kaïrouan Soussa, Monester et Mernedie; dans celle du Sud enfin : Gafsa, Nefta et Gabès. La population s'élève à trois millions d'habitants. Ce pays est le favori de la nature; on y trouve des plaines et des vallées d'une grande fertilité et les parties cultivées ressemblent à des jardins; mais la plus grande partie du territoire se compose de plateaux que la culture n'a pas encore abordés. On y jouit du climat le plus heureux, car le voisinage de la mer tempère les ardeurs du soleil. Le sol est arrosé par de nombreuses rivières qui fertilisent le pays à l'époque des pluies, mais au détriment des contrées dont elles enlèvent la terre végétale. La canalisation, parait-il, n'a pas dit son dernier mot. — C'est aujourd'hui le moins étendu des états barbaresques, mais le plus civilisé. Les indigènes n'ont pas la férocité de ceux de l'Algérie ni des autres états barbaresques. Le progrès dans les mœurs et le caractère des Tunisiens prend sa source dans un gouvernement éclairé, juste, libéral, ami des réformes utiles au pays.

La régence de Tunisie recueille une part dans l'histoire des temps anciens. Elle fut le berceau et le centre de la puissance Carthaginoise. Somptueusement édifiée sur le versant d'une chaîne de collines, la grande cité de Carthage ne comprenait pas moins de 700,000 habitants ; autour de la ville, des irrigations alimentées par des aqueducs entretenaient éternellement de magnifiques jardins. Au centre, s'étendait un port militaire où reposaient à l'ancre, et prêts à déployer la voile, deux cents navires de premier ordre. C'est devant l'immense brasier qui dévorait la ville opulente que Scipion versait des larmes en pensant au sort réservé à sa patrie. C'est sur ses cendres que vingt ans après le tribun Caïus Gracchus, en face de la Sicile et des bouches du Tibre, fonda une Carthage romaine qui fut aussi la ville la plus importante d'Afrique. Dans toute cette partie des Echelles du Levant, on trouve encore des monuments des anciens Romains et on n'y voit pas un seul vestige de ceux des Chrétiens quoiqu'il y eut beaucoup plus d'évêchés que dans l'Espagne et dans la France. Il y en a deux raisons pensons-nous ; l'une que les plus anciens édifices bâtis de pierre dure, de marbre et de ciments dans les climats secs, résistent à la destruction plus que les nouveaux ; l'autre que les tombeaux avec l'inscription « Diis Mânibus » que les indigènes n'entendent point ne les révoltent guère, tandis que la vue des symboles du christianisme a malheureusement bien des fois excité leur fureur.

Lorsque à côté de ces débris gigantesques on considère l'économie de l'art moderne, il parait que la structure colossale des monuments est toujours en raison de l'espace de temps qui nous en sépare. Aux premiers jours de la création l'homme lutte avec la nature ; il cherche à égaler matériellement ce qu'il ne peut comprendre. Ses efforts changent de but avec le progrès des siècles ; au fur et à mesure que l'esprit grandit, les monuments diminuent. L'homme sent assez son impuissance pour ne plus dépenser ses forces dans des structures colossales ; il les met dans sa pensée.

Après avoir été une province florissante du vaste empire romain, elle fut occupée pendant près d'un siècle par les Vandales, réunie ensuite par les conquêtes de Bélisaire à l'Empire Greco-Romain de Constantinople, incorporée enfin au VII° siècle de l'ère chrétienne à celui des Califes. Plus tard vous voyez Charles-Quint donner un roi à cet État et le rendre tributaire de l'Espagne; don Juan le reprendre encore sur les Maures avec le même succès que Charles-Quint son père ; puis l'amiral de Sélim III remettre Tunis sous la domination mahométane et y exterminer tous les Chrétiens trois ans après cette fameuse bataille de Lépante qui couvrit de gloire don Juan et les Vénitiens. D'un long sommeil ce pays se réveille dès les premières années du XIX° siècle sous l'impulsion de Hamouda-Pacha, un des plus grands princes qui ait régné à Tunis et secoué le joug des Turcs. Il regagne son indépendance à l'aide de l'habileté de ceux qui le gouvernent, et à l'exemple du Maroc, décline la suzeraineté de la Porte. A part le point de vue religieux, l'autorité du Grand Seigneur disparait peu à peu comme une ombre. Son droit se borne à faire battre monnaie en son nom et proclamer ses hautes vertus, chaque jour, à midi par un héraut, devant un fauteuil qui représente son trône.

Si telle fut la fertilité de ce pays qu'on le dota dans les temps anciens du surnom de « grenier de Rome » n'est-il pas intéressant d'interroger aujourd'hui ses richesses et leur progression possible sous l'influence d'un prince qui s'inspire, dans tous les actes de son gouvernement, de la politique la plus morale et la plus civilisatrice ? Essayons donc ce travail pour l'honneur du bey et la tranquillité de ceux qui sont intéressés spécialement à la prospérité de la Régence.

§ III

La ville de Tunis, capitale de la Régence, est bâtie sur la rampe d'un coteau au fond du lac de Tunis. Tunis appelée par les Romains Tenis ou Tenissa située à 5 lieues de l'emplacement de Carthage, le dispute par son industrie et sa population aux villes les plus florissantes de l'Afrique. Au temps des Croisades, enrichie déjà du produit d'un commerce immense et largement munie de tours et de remparts, elle vit mourir sous ses murailles Louis IX, les comtes de Vendôme et de la Marche, les seigneurs de Montmorency, de Piennes et de Brissac.

Le canal de la Goulette qui est le port de Tunis, tend un bras au lac, le second à la mer et les met en communication. Ce canal, creusé de main d'homme, est sans doute l'œuvre des Carthaginois; puisque Tunis est bâtie sur les ruines de l'antique Carthage.

La Tunisie est le centre d'un grand mouvement commercial. Ses caravanes nombreuses, qu'on pourrait appeler les vaisseaux de l'Afrique, sillonnent les contrées orientales et pratiquent sur une grande échelle l'exportation et l'importation. S'il est certain que les sujets du Bey pourraient tirer un meilleur parti des richesses naturelles que la Providence a prodiguées à ce beau pays, nous remarquerons cependant, que grâce à l'impulsion du souverain, plusieurs branches de l'agriculte ont fait de sensibles progrès, et que l'industrie a brisé les liens étroits de la routine et conquis les féconds procédés dus à notre génie occidental. Cette sage imitation permet au commerce tunisien de charger des caravanes de draps, de mousseline, d'étoffes de soie, d'armes : riches produits qui vont réveiller l'admiration dans l'intérieur de l'Afrique.

La fécondité de la Tunisie est proverbiale. Le sol que l'on gratte à peine est tellement imprégné de particules salines qu'il donne toujours de bonnes récoltes. Quelle que soit sa nature, argileuse ou calcaire, sèche ou humide, la terre reste maniable, facile de culture. Les plaines immenses qui sont incultes pourraient épancher des fruits merveilleux dans les mains de populations laborieuses et instruites.

Ce pays aux belles et fraîches oasis distribue magnifiquement, à l'homme, le froment, le maïs, le millet, tous les légumes, les oranges, les citrons, les figues, les grenades, les raisins, les amandes, des fruits plein de suc et de parfum ; les fleurs, les roses surtout, ont d'incomparables senteurs, les œillets, les tulipes et les narcisses croissent spontanément et donnent les célèbres essences de Tunis. Le gros bétail y est abondant. On y rencontre de nombreux troupeaux de moutons chargés d'une laine qui rivalise de finesse avec la soie. Chaque partie de cet Eden paraît avoir sa richesse spéciale.

Les campagnes voisines de la mer sont couvertes d'oliviers. L'olivier se plaît sur cette terre d'Afrique il y acquiert l'élévation et le développement des plus grands arbres de l'Europe ; sa durée est de plusieurs siècles. C'est une des plus lucratives productions de la Régence Un homme peut défricher, le terrain e' planter cent oliviers par an. Après cinq ans d'attente l'olivier rapporte, après six ans il fournit une pleine récolte.

Sur les nombreux lacs qui abondent dans la partie méridionale, de longues bandes de flamands se livrent à la pêche. La nuit, ils reposent sur le bord des sebkha, et s'endorment aux légers murmures de l'eau, figurant de loin une armée rangée en bataille. Le jour, ils en parcourent rapidement la surface, ou fendent à tire d'aile les régions supérieures en projetant sur les lacs une ombre fugitive comme leur vol.

On rencontre dans le Sahara des oasis dont la richesse jointe à une grande beauté de décors jette l'homme dans une admiration qui ne tarit point. Le soleil ne s'y tait pas, selon la parole du Dante. Des sources les parcourent et s'épanchent au sein de petits canaux qui déversent leurs eaux fécondantes selon les besoins de l'agriculture. L'imagination des poëtes, le pinceau des peintres, n'ont jamais enfanté de si délicieux bocages. Il semble que la belle nature, avant de s'anéantir dans l'océan de sable des grands déserts, ai rassemblé ses forces et amoncelé toutes ses richesses. Les voyageurs vantent surtout l'oasis de Gabès et ses jardins comparables à ceux de la vieille Babylone, en tant que l'art peut souffrir une comparaison avec les bienfaits de la nature. Qu'on se figure à droite et à gauche de l'Oued-Gabès une suite de vergers merveilleusement fertiles. L'Oued se divise en deux bras et nourrit plusieurs canaux qui alimentent à leur tour une multitude de rigoles : les eaux qui s'en échappent répandent la fraîcheur et la fécondité. Les jardins séparés par des haies de cactus, ou des murs en terre battue sur lesquels se hérissent des branches de palmier sont eux-mêmes partagés en un grand nombre de compartiments autour desquels circulent à certaines heures et en vertu de conventions réciproques des ruisseaux vivifiants. Les terrains compris dans ces compartiments sont semés de blé, d'orge, de légumes. A l'entour croissent des figuiers, des amandiers, des citronniers, des grenadiers, des orangers et bien au-dessus de ces arbres planent confusément plantés de superbes dattiers à la tige svelte et élancée qui dressent dans les airs leurs panaches verdoyants. La vigne est aussi un des plus gracieux ornements de ces jardins; ces ceps puissants s'enroulent et grimpent autour des palmiers comme le lierre entoure, dans nos forêts, le tronc vigoureux des chênes.

Quand elle est parvenue à une certaine hauteur, la vigne court en légers festons d'un palmier à l'autre dessinant, sur les eaux qui la baignent, les plus gracieuses arabesques.

Autrefois, les mûriers étaient nombreux à Gabès, et chacun de ces arbres nourrissait plus de vers à soie que ne font cinq mûriers dans tout autre pays. La soie de Gabès était fort renommée pour sa finesse. Aujourd'hui, la culture du mûrier est presque délaissée, mais tout porte à croire que le bey dont la sollicitude embrasse tous les intérêts du royaume, fera renaître cette précieuse branche de l'agriculture tunisienne par une diminution sensible des impôts qui pèsent sur la soie. Le Djerid est le pays des palmes; vingt-deux variétés s'y disputent la fécondité. Cet arbre produit trois à quatre quintaux de dattes. Des incisions profondes font couler la sève de l'arbre, qui, recueillie avec soin, devient une boisson agréable connue en Europe sous le nom de vin de palme. Bien qu'elle produise l'ivresse, les Musulmans ne la considèrent point comme défendue par la loi religieuse. Le palmier est un arbre dioïque c'est-à-dire d'après le système de Linné, un arbre dont les fleurs mâles sont sur un pied et les fleurs femelles sur un autre. Fontanus a composé un ingénieux poëme sur les amours de cet arbre aussi poétique que précieux. Les individus mâles peuvent féconder la femelle à une grande distance; car le pollen vient sur les ailes du vent ou peut-être à l'aide d'une mystérieuse attraction. Mais les cultivateurs ne confient pas leurs espérances de récolte aux simples lois de la nature: ils insèrent au milieu des fleurs femelles les fleurs mâles détachées de l'arbre. Ce procédé de fécondation qui ne laisse rien au hasard a l'avantage de réserver aux dattiers femelles, qui portent les fruits, la plus grande partie du terrain. On a reconnu que par la fécondation artificielle, un mâle suffisait pour vingt-cinq femelles.

Parmi les tribus qui habitent ces fertiles régions, les unes sont sédentaires et ne quittent jamais l'oasis, les autres désertent leurs maisons aux toitures de palmier, après la saison des fruits, et semblables aux patriarches bibliques, vivent dans la tente et mènent paître leurs troupeaux dans les plaines; leurs courses continuelles, leur vie nécessairement frugale, peu de repos goûté en passant sous une tente ou sur la terre en font des générations d'hommes robustes et endurcis à la fatigue.

Ces peuples tiennent encore de leurs ancêtres un goût pour la liberté et la vie errante qui leur fait toujours regarder les villes comme les prisons où les rois, disent-ils, tiennent leurs esclaves.

Pour rendre à ce territoire l'éclatante prospérité dont il jouissait dans les siècles passés, il ne manque que la volonté de l'homme.

O fortunatos nimium sua si bona norint agricolas.

Le voyageur qui séjourne dans ces contrées de l'Orient éprouve quelque chose du sentiment de la patrie. C'est là que nous sommes nés, et sous les plis de ce sol oublié dorment les dépouilles de nos ancêtres. Là, fut notre berceau la terre natale de l'humanité. Dans ces campagnes labourées par les siècles, dans ces plaines où gisent selon l'élégante expression de Cicéron, les cadavres de tant de cités, on croit rencontrer quelques monuments primitifs de Dieu, et déchiffrer l'origine de l'homme.

§ IV

« L'homme n'est pas un Dieu, l'erreur est son partage »

Du milieu de la confusion religieuse et politique, des ruines qui chaque jour s'amoncelaient dans l'Orient divisé, faible et incertain, il sortit un homme avec l'audacieux projet d'une religion nouvelle et d'un nouvel empire.

Mahomet fils d'Abdallah né à la Mecque en 569, d'abord pauvre conducteur de chameaux, avait une imagination brillante, un caractère énergique, un esprit vif, une profonde connaissance des populations d'Arabie, de leurs penchants et de leurs besoins.

Le Tunisien est musulman il croit avec les Chrétiens en un Dieu Tout-Puissant, Créateur de toutes choses ; il croit à l'immortalité de l'âme à la résurrection du corps avec récompenses et aux châtiments de la vie future. Il croit avec les Calvinistes à la justification par la foi, non par les œuvres, à la prédestination. Il croit aux livres révélés qui sont le Koran, le Pentateuque, les psaumes de David et les Evangiles. Les docteurs révèrent J. C. comme le plus grand des prophètes qui ont précédé Mahomet, comme le Messie des Nations et l'esprit de Dieu. Le Musulman professe les mêmes idées que le Catholique sur les questions de métaphysique courante et de morale ordinaire qui sont le fond du monothéisme.

Le Koran gouverne une prodigieuse étendue de pays. Écoutons les premières lignes de ce livre :

« Louange à Dieu le souverain de tous les mondes, au Dieu de Miséricorde, au Souverain du jour de la justice. C'est toi que nous adorons ; conduis-nous dans les voies droites, dans les voies de ceux que tu as comblés de tes grâces. »

« Ce livre n'admet point le doute, il est la direction des « justes qui croient aux profondeurs de la foi qui observent « les temps de la prière, qui répandent en aumônes ce que « nous avons daigné leur donner, qui sont convaincus de la « Révélation descendue jusqu'à toi. Que les fidèles aient une « ferme assurance dans la vie à venir et ils seront heureux.

« A l'égard des incrédules il est égal pour eux que tu les « avertisses ou non, ils ne croient pas, le sceau de l'infidélité « est sur leur cœur et sur leurs oreilles, les ténèbres cou-« vrent leurs yeux, la punition terrible les attend.

Ces paroles ont cent fois plus d'énergie en Arabe ; le Koran, du reste, passe encore aujourd'hui comme le livre le plus élégant et le plus sublime qui ait encore été écrit dans cette langue.

Écoutons encore le règlement de Mahomet sur les femmes.

« N'épousez de femmes idolâtres que quand elles sont « croyantes. Une servante musulmane vaut mieux que la « plus grande dame idolâtre.

« Ceux qui font vœu de chasteté ayant des femmes atten-
« dront quatre mois pour se déterminer.

« Les femmes se comporteront envers leurs maris comme
« leurs maris envers elles.

« Les honnêtes femmes sont obéissantes et attentives. Si
« elles sont sages, gardez-vous de leur faire la moindre que-
« relle : s'il en arrive une, prenez un arbitre de votre famille
« et un de la sienne.

« Prenez une femme ou deux ou 3 ou 4. Mais dans la
« crainte de ne pouvoir agir équitablement avec plusieurs
« n'en prenez qu'une. Donnez-lui un douaire convenable.
« ayez soin d'elle ne lui parlez qu'avec amitié.

Si nous trouvons dans le Koran, des révélations étranges
des prédications vagues parfois incohérentes, ne nous éton-
nons pas ; Mahomet savait par expérience que le merveilleux est la raison du peuple et il a mêlé à la poésie Orientale
des lois excellentes qui sont encore suivies sans avoir jamais
été affaiblies ni changées par des interprètes mahométans.

Ce livre imparfait pour nous et notre époque. nos idées et
notre civilisation a retiré presque toute l'Asie de l'idolâtrie.
enseigné l'unité de Dieu. aboli l'usure avec les citoyens,
ordonné l'aumône, la prière, la résignation aux Décrets éter-
nels. Il était difficile qu'une religion précieuse par ces qualités et enseignée par un homme victorieux ne subjugue
pas une partie de la Terre. En effet les musulmans ont fait au-
tant de prosélytes par la parole que par l'épée ; les Turcs
même leurs vainqueurs se sont soumis à l'islamisme.

Mahomet a été pontife législateur et monarque il a soumis
l'Arabie qui ne l'avait jamais été avant lui et donné les premières secousses à l'empire Romain d'Orient. Sa religion a
changé la face d'une partie de l'Europe, de la moitié de l'Asie,
de presque toute l'Afrique ; elle aurait subjugué l'univers si
elle n'était qu'une ombre de la forme plus pure du Christianisme.

§ IV.

Pendant des siècles, ce beau pays de la Tunisie labouré par
des invasions nombreuses resta stationnaire, disputant à
peine à la sauvagerie ses plus belles oasis, et laissant tomber
en ruines les magnifiques travaux agricoles de l'Epoque ro-

maine. Mais, après 1830, des circonstances providentielles se réunirent pour le rappeler à la vie. La première mit l'établissement des Français dans l'Algérie; il unit la Tunisie en contact immédiat avec l'Occident, et balança l'omnipotence de Constantinople, regardée jusqu'alors comme la capitale de toutes les régions africaines. — Constantinople, il est vrai, semble par sa situation faite pour commander. Elle a l'Asie devant elle, l'Europe derrière. Son port, aussi sûr que vaste, ouvre et ferme l'entrée de la mer Noire à l'Orient et de la Méditerrannée à l'Occident. Si cette position merveilleuse explique le passé, ses avantages disparaissent devant les progrès de la science et les conquêtes de l'Occident. La seconde fut l'avénement au trône d'une série de princes dont le génie planant au-dessus des étroits préjugés orientaux conçut le glorieux dessein de faire fleurir en Afrique la civilisation française. Si le climat influe sur le caractère des hommes, le gouvernement a plus d'influence encore que le climat. Le premier de ces princes dont l'Afrique conservera le nom fut Ahmed-Bey. Les Tunisiens on trouvé dans Ahmed Bey le régénérateur de leur vieille province d'Afrique. Pénétré de l'esprit européen, il fut l'apôtre de la civilisation en Orient. La plus belle page de son règne est écrite dans la circulaire qu'il adressa en 1846 aux consuls étrangers. Il leur écrivait:

« La propriété sur les êtres humains est injuste et con-
« traire à nos sentiments. Elle nous a occupé pendant toutes
« les années durant lesquelles nous nous sommes efforcé
« d'y mettre un terme. Nous sommes heureux de pouvoir
« vous déclarer maintenant que nous abolissons dans toute
« notre domination la propriété des esclaves. Dorénavant
« tout esclave de notre régence sera considéré comme libre.»

Cette mesure était d'un grand politique, elle augmentait le commerce, l'agriculture et la population. Il est certain en effet, que le possesseur d'un terrain cultivera beaucoup mieux son héritage que celui d'autrui. L'esprit de propriété double la force de l'homme. On travaille pour soi et pour sa famille avec plus de vigueur et de plaisir que pour un maître, L'esclave qui est dans la puissance d'un autre a peu d'inclination pour le mariage. Il craint souvent même de faire des esclaves comme lui. Son industrie est étouffée, son âme abrutie. Ses forces ne s'exercent jamais dans toute leur élaslicité. Le posessseur, au contraire, désire une femme qui partage son bonheur et des enfants qui l'aident dans son travail. Son épouse et ses fils font ses richesses.

Le terrain de ce cultivateur devient dix fois plus fertile sous les mains d'une famille laborieuse. Le commerce général est augmenté, le trésor du prince en profite, et la campagne fournit plus de soldats.

Une si grande révolution retentit jusque dans l'Occident et le poëte s'ecrie :

> Ecoutons... jusqu'au ciel un grand bruit est monté.
> Hourra ! l'Afrique pousse un cri de liberté,
> Le sultan de Tunis abolit l'esclavage,
> Le pied du nègre est libre en touchant le rivage,
> Que le Dieu Tout-Puissant le couvre de son aile.
> Que l'Europe à ses rois, l'impose pour modèle
> Que son glorieux nom éternise mes vers
> Sur un cap africain, dominateur des mers
> Avec les fers brisés de la traite abattue
> Que l'Europe chrétienne érige une statue
> Ou la philanthropie écrive de sa main :
> Ahmed, bey de Tunis, ami du genre humain.

Ahmed, avait en effet pour son peuple une affection, un dévouement que ni la puissance, ni l'or, ni la pourpre ne pouvaient altérer. Il n'était point de ces politiques disciples de Machiavel: « Ouvriers de succès, artistes plus ou moins habiles que la morale ne regarde pas; qui pétrissent les faits et manient l'argile des choses humaines s'embarrassant peu de salir leurs doigts ou d'ensanglanter l'atelier.» En 1846, il vient, roi philosophe, étudier nos institutions politiques et visiter nos établissements pour en doter son pays. Il puise en France et en Angleterre de précieux renseignements, et ses études lui tracent la route des améliorations à entreprendre dans l'intérêt de la Tunisie. Mais la mort le surprit au milieu de ses projets de régénération politique. Il avait ouvert l'ère des grandeurs et marqué le premier pas de la civilisation.

Mohammed son cousin, lui succède et marche sur ces traces glorieuses. Il entreprit aussi l'œuvre héroïque et divine d'aider son peuple à s'élever d'un degré inférieur à un degré supérieur. Pénétré des caractères de la civilisation qui sont l'amour, la tolérance, la justice, la prévoyance, l'activité, la générosité, il octroie au mois de juin de l'année 1857, une charte constitutionnelle qui porte le nom de *pacte fondamental*. La charte contenait en germe les institutions les plus libérales et devait recevoir son application dans un code politique et administratif, mais il ne lui était pas donné non plus de jouir de son œuvre. La mort en la laissant inachevée, délégua au prince Mohamed-el-Sadok son frére, le soin de mener à sa bonne fin cette vaste entreprise dont la partie la plus ardue et la plus laborieuse restait à formuler.

Cher à la population tunisienne qui avait déjà su apprécier les qualités de son cœur et de son esprit, Mohammed-el-Sadok donnait, par son élévation suprème, un gage nouveau que la réforme commencée aurait son cours. On ne se trompait pas : à peine a-t-il pris les rênes du Gouvernement que fidèle à sa mission, il travaille sans relâche au monument législatif qui sera l'honneur de son règne. Puissamment secondé par le zèle et la capacité de son premier ministre, il rédige les promesses inscrites dans le Pacte Fondamental et promulgue le nouveau Code civil, politique et administratif qu'il met de suite en vigueur dans toute l'étendue de ses Etats.

Le 23 avril 1861, le code est solennellement remis par le souverain de Tunis, aux grands dignitaires de l'état, aux membres du conseil suprème et aux présidents des tribunaux en présence des représentants des puissances étrangères qui saluent avec bonheur lepremier rayon de ces sages réformes.

Les fêtes de l'inauguration eurent lieu le 24 et le 25 août au palais du Bardo, où se trouvaient réunis dans la salle du Trône, autour du Bey, les oulémas, les ministres, les principaux officiers de l'armée et les membres du corps consulaire. En présence de cet imposant cortége, le bey reçut le serment de tous les membres de sa famille et des plus hauts fonctionnaires civils et militaires d'après une formule récitée à haute voix par le grand-maître des cérémonies. Ce fut un spectacle magnifique où régnaient avec l'esprit français, la dignité et la distinction orientales. Le lendemain le bey inaugurait avec la même solennité l'ouverture des tribunaux tunisiens constitués d'après le nouveau code de procédure civile et criminelle.

2

Voici quelles étaient les principales dispositions du nouveau code :

La loi organique garantit la sécurité des biens des personnes et de l'honneur aux sujets et habitants du royaume quelles que soient leur religion, leur race et leur nationalité.

Les sujets paient les impôts proportionnellement à leur fortune.

Tous les habitants sont égaux devant la loi.

Le service militaire est requis d'après le tirage au sort et pour un temps limité.

La liberté du commerce est proclamée pour tous ; les étrangers peuvent exercer toutes industries, à la condition de se soumettre au droit commun. Ils peuvent acquérir comme les nationaux.

Le commerce d'importation et d'exportation est libre pour tous.

Tout individu arrêté par la police reçoit dans les 48 heures notification des motifs de son arrestation.

Il y a des tribunaux de première instance et des tribunaux de révision.

La magistrature est inamovible.

Le droit de pétition est reconnu.

Enfin la clef de voûte de l'édifice politique est dans l'institution d'un conseil supérieur composé de 60 membres dont le tiers est pris parmi les ministres et les hauts fonctionnaires et les deux autres tiers parmi les notables du pays. Ce conseil suprême cumule les attributions dévolues en France, au Sénat, au conseil d'État, à la cour de cassation et à la cour des comptes.

Cette constitution avait le défaut d'être trop parfaite et de s'élever trop au-dessus du niveau intellectuel et social du peuple auquel elle était destinée. Il y a dans la vie des nations comme dans celle des individus une loi de pondération et d'équilibre qui après un mouvement extrême, surtout lorsqu'il est contre les tendances innées, et le caractère propre de ce peuple, ramène véritablement une réaction en sens inverse qui se développe, en proportion même de la force et de l'étendue du mouvement précédent. Dans cette sorte d'oscillation vitale, l'aiguille en courant d'un pôle à l'autre, se fixe enfin au point qui est le véritable centre de gravité de sa nature réelle.

Ainsi l'unité nationale allait être ébranlée au moment où les lois et les institutions touchaient à leur glorieux couronnement. On travaillait depuis nombre d'années à la réorganisation complète, uniforme et méthodique de l'État. Cette œuvre était conduite par des hommes d'une expérience consommée et exécutée par des fonctionnaires habiles. Les dispositions les plus prévoyantes étaient prises pour établir partout l'ordre et la sécurité et l'on arrivait vers cette unité de lois et d'institution depuis si longtemps poursuivie. Néanmoins chose étrange, les ressorts de l'État s'altèrent, la nationalité ébranlée cherche son point d'appui, l'inquiétude paraît, le peuple asservi par la force de l'habitude considère cette réorganisation comme la ruine de la patrie, les tribus se soulèvent, prennent les armes, refusent de payer l'impôt et demandent l'abolition du pacte fondamental.

La révolte présentait plusieurs raisons :

Les fanatiques musulmans étaient irrités de voir leurs chefs céder au courant des coutumes chrétiennes et civilisées le aux dépens de l'islam.

L'Angleterre et la Turquie nourrissaient des trames contre bey et attisaient l'insurrection.

Les populations qui refusaient de payer l'impôt et décriaient la pénurie du Trésor ne mettaient pas en ligne de compte les dépenses excessives faites pour les constructions d'édifices, d'aqueducs, de routes soit à Tunis, soit dans les pays environnants.

Pour essayer les arts, il faut des secours, des mains qui vous aident, des entendements assez ouverts pour vous comprendre et assez dociles pour vous obéir; il faut être de son époque, tout en la dépassant, de son pays tout en le précédant.

L'action populaire, sociale et gouvernementale ne marchait plus dans la direction d'une même croyance. Les lois, les institutions et les mœurs générales de la nation n'étaient plus empreintes du même esprit.

Le prince avait ouvert un horizon nouveau, mais les sujets indolents et routiniers se fermaient les yeux des deux mains.

Quel que soit le mode de gouvernement qui régit un pays, si

bon, si honorable, si juste que soit le mode, il aura toujours
nui aux intérêts d'un ou de plusieurs partis, et en satisfaisant
à de nobles ambitions, reculé des convoitises honteuses. Il
y aura donc toujours des mécontents qui feront des partis;
car les partis ne sont pas autre chose qui l'alliance de
plusieurs mécontents autour d'un seul.

Quoiqu'il en soit, le bey sut encore, à force de persévérance
et d'habilité, amener les révoltés à demander l'aman, c'est-
à-dire la paix (1864). Cette paix était le triomphe et le signe
du génie.

> Quels dieux répandent ces bienfaits?
> C'est un seul homme!... et le vulgaire
> Méconnaît les biens qu'il a faits
> Le peuple en son erreur grossière
> Ferme les yeux à la lumière,
> Il n'en peut supporter l'éclat
> Ne recherchons point ses suffrages
> Quand il souffre il s'en prend aux sages
> Est-il heureux, il est ingrat

§ VI

Si le travail moral et civilisateur a été grand en Tunisie, le
travail matériel, appui du travail moral, n'a pas été moins
énergique.

Un réseau télégraphique relie Tunis à Alger, d'autres s'é-
tendent dans la direction de Souza et de Sfar et commu-
niquent avec le réseau qui joint Tripoli à Alexandrie. Ainsi,
se trouve rapproché l'Occident des Indes Orientales.

Parmi les travaux publics de la plus haute importance je
citerai la restauration de l'aqueduc qui fut construit autrefois par les Romains pour amener les eaux à Carthage. Cet
aqueduc se prolonge sur une longueur de 120 kilomètres. Le
canal d'alimentation se développe tantôt en conduits souter-
rains, tantôt en aqueducs aussi remarquables par leur anti-
quité que par leur magnificence. On en a augmenté les effets
par l'emploi de syphons et de tuyaux. Grâce à ce mécanisme,
un volume d'eau fort considérable franchit une hauteur de
45 mètres et jaillit en gerbes étincelantes sur le plateau de la
Casbah. On peut aisément juger que la joie égala la surprise
des Tunisiens le jour où le premier flot apporta le témoi-

gnage d'une science avancée. Sur les bords du canal se pressait une population aux costumes variés, au cœur impressionnable, avide d'emplir la goula de cette eau miraculeuse. L'admiration de ce peuple attentif, sa joie, ses accents, ses cris, les brillantes couleurs du vêtement, la cour du Bey, la beauté de cette œuvre, l'onde qui fuyait rapide et pressée dans sa course nouvelle, les riches ornements de la nature le soleil d'Orient, formaient un de ces ensembles pittoresques qui n'ont pas d'équivalent dans nos fêtes ni d'expression dans notre langue. Le bey, interprète des sentiments de ce peuple, remercia en termes chaleureux M. Colin, ingénieur et M. Taille, directeur des travaux qui tous deux avaient déployé un zèle infatigable, une grande habileté à la construction d'un monument qui rendra d'immenses services à Tunis, dont il transforme l'aspect, et aux pays environnants.

Quant à l'agriculture, elle doit avancer encore dans la voie du progrès.

Ecoutons la voix d'Adam Smith : Le capital acquis à un pays par le commerce n'est pour lui qu'une possession précaire et incertaine tant qu'il n'en a pas réalisé une partie dans la culture de ses terres ; les révolutions de la guerre et du Gouvernement tarissent les sources de la richesse qui viennent. du commerce ; celle qui procède des progrès solides de l'agriculture est d'une nature beaucoup plus durable.

Si les landes stériles de la Hollande sont aujourd'hui remplacées par des terres en plein rapport que ne doit-on pas attendre d'un sol qui offre tant de richesses, où l'on peut cultiver avec succès les céréales, où les vastes pâturages si propres à élever les bestiaux, ou l'olivier, le mûrier, le dattier peuvent fournir les précieux produits dont la France à elle seule est tributaire de l'étranger pour plus de cinq cents millions ?

Qu'on me permette une comparaison :

La Hollande après avoir exercé pendant un siècle et demi un monopole commercial, avoir réuni une marine formidable qui l'avait fait surnommer, le roulier des mers, et être parvenue à l'apogée de sa grandeur, marque la première heure de sa décadence au massacre de Jean Wit pensionnaire du Roi. La décadence de l'Etat eut pour résultat la diminution progressive des capitaux et du travail pour la classe ou-

vrière. On a beau faire exécuter des travaux de canalisation
créer des hospices et des établissements de bienfaisance, les
malheureux inondent le pays, arrêtent les passants dans les
rues et les forcent à faire l'aumône, s'introduisent dans les
maisons et volent tout ce qui tombe sous leurs mains. C'est
dans cet état de dégradation de l'espèce humaine, dans ce
pays que le général Van de Boch, agronome distingué, arrive
en Hollande en 1818. Touché d'une position si dangereuse
pour la société, il appelle tout ces travailleurs à l'agriculture.
Les Hollandais avaient à lutter contre les éléments, à vain-
cre le désespoir, à refouler l'Océan, dessécher de grands lacs
à manier des terres arides; le succès a couronné leurs efforts,
les landes sont devenues fertiles, l'ouvrier laboureur est
honnête, l'agriculture fleurit, les finances prennent une nouvelle vigueur.

Dans le gouvernement beylical, il n'y a pas à lutter contre
le paupérisme, mais l'indolence des indigènes, combat plus
facile. Les travaux de desséchement et de canalisation sont
aisés par les pentes naturelles à suivre, les terres sont fertiles, le sol maniable, le climat doux, les productions précieu-
ses, les denrées abondantes. Le temps viendra où pas un
pouce de ce territoire, ne restera inculte, et le jour où il se
fera dans la nature un grand mouvement vers l'agriculture,
ouvrira l'ère des prospérités. Les Tunisiens sauraient-ils mé-
connaître plus longtemps les préceptes du prince éclairé qui
les gouverne, mépriser les dures leçons de l'expérience, et
abandonner par indolence le soin de leurs propres intérêts.
La civilisation qui pousse de si beaux fruits dans ce royaume,
me donne un gage de l'activité prochaine de tous les sujets.

L'homme fait jaillir des forces élémentaires de la nature,
la morale et la société. La nature n'est pas économe: elle gas-
pille la vie et gâche ses germes. Il nous appartient de faire
sortir de son sein tout développement ou tout perfectionne-
ment. Il faut que sur la terre d'Afrique où le Tunisien n'a
pas encore modifié son règne, la main de l'homme la corrige
et la reforme, la dompte et la rachète.

§ VII.

La Tunisie s'est laissé gagner par un sentiment naturel, l'impatience du progrès.

Riche des productions de son sol, confiante dans les espérances de l'avenir, désireuse de préparer aux générations futures une vie de prospérités et de grandeur, la régence conçut le dessein de se servir des capitaux qui étaient trop à l'étroit sur l'ancien continent pour construire des aqueducs, élever des monuments, faire des écoles, conduire des irrigations, établir des routes. créer des chemins de fer, des télégraphes, augmenter les forces du commerce et de l'agriculture.

Si l'argent est le nerf de la guerre, il est aussi celui des améliorations matérielles. On eut donc recours à l'emprunt.

L'histoire des deux souscriptions est assez commune pour que je ne parle point de leurs succès. Mieux il vaut embrasser les temps actuels et déduire les motifs qui ont jeté le discrédit sur les obligations Tunisiennes et empêché le Bey de faire face à ses engagements.

Les capitalistes qui avaient confié leur argent entendaient trouver un placement sûr et avantageux, des intérêts servis à jour fixe, une administration parfaite : pour répondre à ces désirs il était nécessaire de réunir un groupe d'hommes qui connussent à fond les règles de nos budgets et les arcanes de la comptabilité.

L'État chargé d'une dette considérable contractait une mission difficile, celle de pourvoir à son service sans atermoiement. La prudence lui commandait donc de prévoir la possibilité d'une série de malheurs qui l'empêcheraient de payer les intérêts, de créer une caisse de prévoyance, de rompre avec les errements du passé.

Les travaux exécutés devaient présenter un placement rémunérateur, n'avoir rien d'excessif, ne pas dépasser la mesure de l'utilité immédiate ni détourner les bras et les autres capitaux d'emplois plus productifs.

L'emprunt raisonnable, du reste, puisqu'il ne s'élevait qu'à un chiffre égal au revenu annuel de l'État, pouvait s'effectuer dans d'excellentes conditions, sans s'amoindrir dans les mains cupides des banquiers.

Ces principes dignes de présider aux opérations financières ne furent pas mis à exécution.

Incomplète dans ses rouages, l'administration Tunisienne assume la responsabilité d'un emprunt qui crée des devoirs nouveaux sans une compensation immédiate. Aussi bien, les conditions sont tellement usuraires que l'opération ne peut manquer d'être fatale. L'emprunt de 1863 est émis au capital de 35 millions: les banquiers qui s'en chargent prélèvent 6 millions d'escompte et de commission puis 2,772,000 sur l'émission des actions et un magnifique « pot de vin » pour une autre opération; de telle sorte qu'il ne rentre dans les caisses du Gouvernement que 25 millions en chiffre rond. Malgré ce décompte, il s'est grevé d'une dette au capital de 35 millions avec des intérêts à un taux fort élevé. C'était, croyons-nous, abuser d'une situation pénible, et ôter du même coup à l'emprunt les qualités qui le devaient rendre fructueux. Les finances s'obèrent donc chaque jour; et le Bey pressé par de lourdes échéances est contraint de recourir à un second emprunt qui s'accomplit dans les mêmes conditions non moins avantageuses pour les banquiers et non moins désastreuses pour le Gouvernement. Jusqu'alors, le mal se pouvait réparer avec les bienfaits d'une administration plus parfaite et mieux inspirée de nos idées financières; les évènements se réunissent terribles contre la régence. Dans une période de cinq années la sécheresse, l'invasion des sauterelles, le typhus, le choléra. deux révoltes de tribus rebelles à l'impôt, avancent la ruine de ce petit État impuissant à conjurer de si grands malheurs.

Le vaisseau oscillait à la dérive retenu seulement par l'ancre de salut, la volonté et l'honneur du Bey. Sans perdre courage, il fit émettre des bons du trésor, et souscrire des traites à longue échéance au profit des négociants du pays. Mais l'ouragan s'était fait trop impétueux, ces intentions aussi louables que persévérantes ne remplirent pas les caisses de l'État.

On vit alors que les charges de la Tunisie étaient trop lourdes pour ses revenus. que l'administration financière avait des défauts. que les entreprises de travaux publics avaient, par la précipitation de leur exécution, appauvri l'État au lieu de féconder le sol, que les emprunts perdaient de leur utilité par suite des concussions des banquiers et de leurs conditions onéreuses.

Dans cette crise, des hommes se sont rencontrés financiers honnêtes et habiles, que firent entendre au Gouvernement Tunisien que l'unification « des dettes était la mesure la plus sage, le seul remède ». De plus en plus soucieux des intérêts de son royaume et préoccupé d'obéir loyalement à ses engagements, le Bey rend à la date du 5 juillet 1869 un décret conçu dans cet esprit :

Notons les dispositions les plus importantes :

» Il nous a paru convenable, dans l'intérêt des finances » de notre royaume dans celui de nos sujets et du commerce. » d'instituer une commission financière basée sur le projet » du décret du 4 avril et arrêté aussi qu'il suit.

» La commission est divisée en deux commissions distinctes: » Un Comité exécutif et un Comité de contrôle :

Le Comité exécutif est composé de la manière suivante : Deux fonctionnaires de notre Gouvernement nommés par nous-même et un inspecteur des finances nommé par nous-même et préalablement désigné par le Gouvernement français.

« Le Comité exécutif est chargé de constater l'état actuel » des diverses créances constituant le dette du royaume et » les ressources à l'aide desquelles notre gouvernement se-» rait en mesure d'y satisfaire.

« Le budget des recettes étant placé en regard de celui des » dépenses augmenté du chiffre de la dette, le Comité exé-» cutif recherche le moyen d'établir une répartition équi-» table des revenus publics.

« Le Comité exécutif prendra tous les arrangements rela-» tifs à la dette générale et nous lui donnerons l'appui né-» cessaire pour assurer l'exécution des mesures prises à cet » effet.

« Le Comité exécutif percevra tous les revenus du royaume » sans exception et le Gouvernement ne pourra contracter » un emprunt sans l'approbation des deux Comités.

« Le Comité de contrôle est composé de la manière sui-» vante :

« Deux membres français représentant les porteurs d'o-
» bligation 1863-1865.

« Deux membres anglais et deux membres italiens repré-
» sentant les porteurs des titres de la dette intérieure.

« Le Comité de contrôle connaît des opérations du Comité
» exécutif. Il les vérifie et les approuve. »

Le 23 mars 1870 le Comité exécutif propose au Comité de
contrôle l'adoption des dispositions suivantes qui sont dé-
posées aux consulats de France, d'Angleterre et d'Italie, et
placées sous la sauvegarde des trois gouvernements.

En voici la substance :

« La fusion des dettes de diverses catégories existant au-
» jourd'hui demeure résolue. L'échange des titres de diverses
» natures s'opérera d'après les bases adoptées par la com-
» mission. Les obligations nouvelles seront au porteur,
» représenteront un capital de 500 francs et donneront droit
» à un intérêt annuel de 25 francs, payable par semestre les
» (1er Janvier et 1er Juillet). A chaque obligation nouvelle se-
» ront joints 30 coupons semestriels.

« Les obligations émises par suite de cette opération
» jouiront jusqu'à leur rachat du privilége d'antériorité sur
» les dettes que le gouvernement Tunisien pourra contrac-
» ter dans l'avenir.

« Le Comité d'administration aura pour mission de diriger
» et de surveiller la réalisation des revenus concédés, d'en
» centraliser le produit et d'en administrer l'emploi. Ces re-
» venus seront la propriété commune de tous les créanciers de
» l'État. Le conseil procédera à ces diverses opérations pour
» le compte des créanciers sous sa responsabilité person-
» nelle, et sous le contrôle et la surveillance du Comité
» exécutif. Il sera composé de cinq membres.

» Le présent arrangement et les stipulations qui en décou-
» lent sont consentis au profit de tous les créanciers actuels,
» moyennant la cession faite par Son Altesse le Bey sponta-
» nément, librement et dans le plein exercice de ses pou-
» voirs souverains, à tous ses créanciers solidairement et
» indivisément, des revenus ci-après désignés, dont le pro-
» duit sera intégralement employé par les soins du Comité
» d'administration, sauf les restrictions annoncées plus loin
» au service soit des intérêts, soit de l'amortissement par voie

» de rachat, soit des frais d'administration de toute nature
» et ce, jusqu'à extinction complète de la dette qui sera li-
» quidée et arrêtée par la Commission financière.

    » Ces revenus sont les suivants :

        » (Impôts directs)

» Mahsoulats de Sousse, Monastier (marché au blé) fr.	400.000
» D° Tuhaba de Tunis	97.000
» Douanes de Tunis (importation)	500.000
» Droit de la karroube (impôts sur les loyers) à Tunis	100.000
» Douane de Sfax	15.000
» D° de	8.000
» D° de Sousse, de Monastier et de Mehdia	25.000
» Fermage des tabacs	220.000
» Droits sur les vins	55.000
» Marché de bois et de charbon	15.000
» Fermage de plâtre	60.000
» D° des et éponges	55.000
» D° du sel	110.000
» Mahsoulats de la Goulette	20.000
Kanoun des oliviers de Sousse	
D° Medhia	
D° Monastier Droits sur les oliviers	850.000
D° de Sfax	
» D° Onatan-el-Kabli (provinces de l'est)	150.000
» Mahsoulats et Douanes de	90.000
» Droits sur la pêche du corail	8.000
» D° d'exportation	2.640.000
» Octroi	350.000
» Droit du timbre	300.000
» Ferme du poisson	100.000
» Masoulats de Bizerte	80.000
» D° de Sfax	100.000
» D° de Onatan-el-Kabli	85.000
» D° de Mehdia	12.000
	6.505.000

    » Ces revenus sont concédés en pleine et entière jouis-
» sance aux créanciers dans le présent et pour l'avenir.
» jusqu'à extinction de la Dette actuelle et quelles que soient

» les modifications de taxes ou de tarifs qui puissent inter-
» venir ; mais le mode de cette jouissance variera sui-
» vaut la nature des revenus eux-mêmes et surtout suivant
» qu'il s'agira des revenus dont la perception pourrait être
» gérée directement par le compte des créanciers, ou de re-
» venus à percevoir dans l'intérieur du pays. (Kanoun.)

» Le produit annuel des revenus concédés est évalué à six
» millions cinq cent mille francs, somme reconnue néces-
» saire pour le service de la dette liquidée, jusqu'au 20 février
» dernier, conformément aux stipulations du présent arrange-
» ment.

» Le Gouvernement en garantit la réalisation, mais seule-
» ment jusqu'à concurrence de 5,000,000 de francs pour la
» première année ; de 5,500,000 francs pour la seconde année
» et de 6,000,000 de francs pour la troisième : à partir de la
» quatrième année et pour toutes les suivantes, la garantie
» portera sur la somme intégrale. En conséquence, tout
» déficit sur l'une des sommes ci-dessus constatées à l'expi-
» ration de l'année correspondante sera comblé au moyen
» du prélèvement d'une somme égale sur les autres.

» Le Gouvernement de S. A. le Bey prend enfin l'engage-
» ment vis-à-vis des trois puissances amies, comme vis-à-vis
» de ses créanciers, de persévérer dans la voie tracée par le
» décret du 5 juillet, de maintenir ses dépenses dans les li-
» mites des crédits ouverts par le budget qui sera préparé
» chaque année par le Comité exécutif, et d'employer ses
» ressources disponibles en travaux d'utilité générale.

Remboursement des coupons arriérés.

» Il sera créé à cet effet, pour chacun des titres actuels
» portant des coupons d'intérêts et de quelque catégorie
» qu'ils soient, un certificat distinct portant la somme qui sera
» allouée comme indemnité représentative des coupons
» échus et non payés. Ces certificats seront joints individuel-
» lement aux obligations nouvelles au moment de leur
» échange contre les anciens titres ; ils seront au porteur, et
» seront remboursés sans intérêts par voie de tirage au sort,
» au moyen du produit qui résultera de l'augmentation des
» tarifs actuels des droits de douane à l'entrée.

Dispositions transitoires.

» En raison des intérêts considérables qui se trouveraient
» gravement compromis par tout nouveau retard dans la mise
» à exécution du présent arrangement, le Comité exécutif
» propose de décider que, immédiatement après la ratifica-
» tion de cet arrangement par S. A. le Bey, les membres du
» Comité de contrôle, revêtus par les créanciers des pou-
» voirs les plus étendus, prendront provisoirement en mains
» l'administration des revenus concédés et les géreront en se
» conformant aux clauses et conditions énoncées précédem-
» ment, jusqu'à ce que le Conseil d'administration ait été
» rendu exécutoire.

» Tunis, le 23 mars 1870.

» Vu et approuvé:

» A signé : Le Bey.

» 23 mars 1870 ».

L'économie générale de ce système est de nature à com-
penser les regrets des porteurs de titres qui touchaient 12 %
d'intérêt. Les intérêts qui découlent des dispositions de ce
décret intéressent la masse des créanciers et préparent
pour la Tunisie des horizons moins sombres. Les négociants
du pays intéressés à ce que le crédit du gouvernement le raf-
fermisse, sont hardiment entrés dans cette nouvelle voie.
Notre confiance ne se rajeunira-t-elle pas au spectacle de ces
nouveaux efforts et de cette grande honnêteté d'un gouvernement qui s'immole pour le compte d'une longue suite de
malheurs étrangers à sa conduite ?

Il me semble, quant à moi, que les résultats de cette nouvelle administration financière solidement établie seront: de
consolider le capitale, de faire naître sur les marchés de
l'Europe une plus grande estime pour les valeurs — de
mettre en rapport les charges du pays avec ses revenus — de
ramener à des principes plus sages les engagements contractés
— de rendre impossible un nouvel emprunt qui dans tous les
cas ne serait qu'un paliatif impuissant — d'établir un budget
régulier et de fixer les dépenses de la cour beylicale.

Mais pour obtenir ces bénéfices, il est de toute nécessité
que les comités exécutif de contrôle et d'administration

soient composés d'hommes dégagés de toute solidarité avec le passé, recommandables par leurs capacités, leur expérience leur honorabilité.

CONCLUSIONS

Le vrai piédestal de la grandeur nationale d'un peuple n'est pas la gloire, mais le progrès matériel. La gloire sans le progrès s'anéantit. La Tunisie deviendra un foyer de civilisation par le progrès matériel. Le progrès grandit en raison directe de la production; la production s'augmente au cours régulier de trois sources. les institutions de crédit, l'éducation professionnelle, les voies de communications.

Que la Tunisie sache développer les ressources infinies renfermées dans son sein; que par une administration habile, prudente, active elle s'élève peu à peu sans secousse, sans courir de dangereux hasard au degré de prospérité et de force nécessaire pour occuper dans le monde la place à laquelle la destine le mouvement naturel de la politique ; qu'elle mette de l'ordre dans son système financier, de l'économie dans ses dépenses, qu'elle exploite ses ressources trop longtemps négligées; que le gouvernement cherche la force et la puissance dans le développement de la prospérité publique sans s'arrêter à des velléités d'agrandissement extérieur fondées sur nos illusions actuelles en politique; que ces belles paroles de Montesquieu trouvant un admirateur dans le Bey. « Une » maladie nouvelle s'est répandue en Europe, elle a saisi » nos rois et leur a fait entretenir un nombre désordonné « de troupes. Chaque monarque tient sur pied toutes les armées qu'il pourrait avoir comme si ses peuples étaient en « danger d'être exterminés; et l'on nomme paix cet état « d'effort de tous contre tous ». — L'armée, quand elle est appliquée aux travaux publics nourrit de rudes citoyens enrichit l'état, le protége et le soulage des dépenses qui coûtent trop au front de l'ouvrier et aux épargnes de la veuve.

La sagesse du gouvernement beylical contribuera au bien être des indigènes puisque l'ordre social est assis sur des bases solides, la propriété respectée, et l'homme qui travaille exempt de l'inquiétude de se voir ravir le fruit de ses peines. C'est en vain que la Providence aura placé un peuple sous un climat favorisé, au milieu des terres les plus fertiles; si celui qui a semé n'est pas assuré de récolter, les terres demeureront incultes.

Tunisiens, vous avez plus qu'il ne vous faut pour prospérer, il ne vous manque en quelque sorte que la force motrice Vous avez demandé, à la France et à l'Angleterre des capitaux, demandez-leur aujourd'hui des chefs qui dirigent les exploitations des ouvriers qui construisent des machines. En général, l'Orient abonde en toutes espèces de matière première; mais les unes restent inexploitées, les autres sont vendues à des prix tellement vils aux occidentaux, qu'après que l'industrie occidentale, les villes intermédiaires pour l'exportation, le transport, l'importation, ont trouvé le moyen de s'enrichir, on les renvoie en Orient comme produits industriels à des prix centuples. Tunisiens, c'est un Etat défectueux qui paralyse votre grandeur, votre avenir, votre prospérité; exploitez mieux vos richesses, fondez des industries; développez celles que vous avez; vivez par vous-mêmes sinon pour vous-mêmes. Pour remplacer cette large importation de main-d'œuvre européenne qui vous est aujourd'hui indispensable, envoyez des pensionnaires en Europe pour étudier les arts, le commerce, l'industrie, l'agriculture. Ils prendront soin plus tard des chemins de fer, des ports, des routes, des canaux, des bâtiments civils et militaires, ils disposeront eux aussi, de moyens supérieurs, et produiront beaucoup en peu de temps.

Si vous obéissez à la sage impulsion qui vous est donnée par le Prince qui gouverne; si les financiers de l'Europe vous laissent le temps de réparer ces désastres, le temps viendra bientôt où l'on verra les récriminations se taire, les embarras disparaître, les améliorations enrichir le pays, les impôts diminuer et la fortune reparaître florissante rendant d'une main au continent ce qu'il aprêté, apportant de l'autre à la Tunisie les instruments d'une longue prospérité. Toute société est progressive; on peut mesurer peut-être les facultés d'un individu; on ne saurait limiter ce que peuvent les intelligences réunies dont les produits ne s'ajoutent pas seulement, mais se fondent et se multiplient dans une progression infinie. En vertu de cette loi les peuples augmentent sans cesse leur industrie et leurs lumières accroissent dans la même proportion leurs besoins matériels et leurs besoins moraux.

Si ces pages ont pu ramener des opinions hésitantes sur le crédit du gouvernement Boylical et l'esprit qui l'anime, ma tâche aura été facile, mon mérite faible, j'ai seulement cueilli quelques épis dans un champ de blé ; combien d'autres plus instruits et plus laborieux pourraient moissonner de belles gerbes.

Magny. Imprimerie O. PETIT.